Jules-Auguste-William JAPY

1846-1917

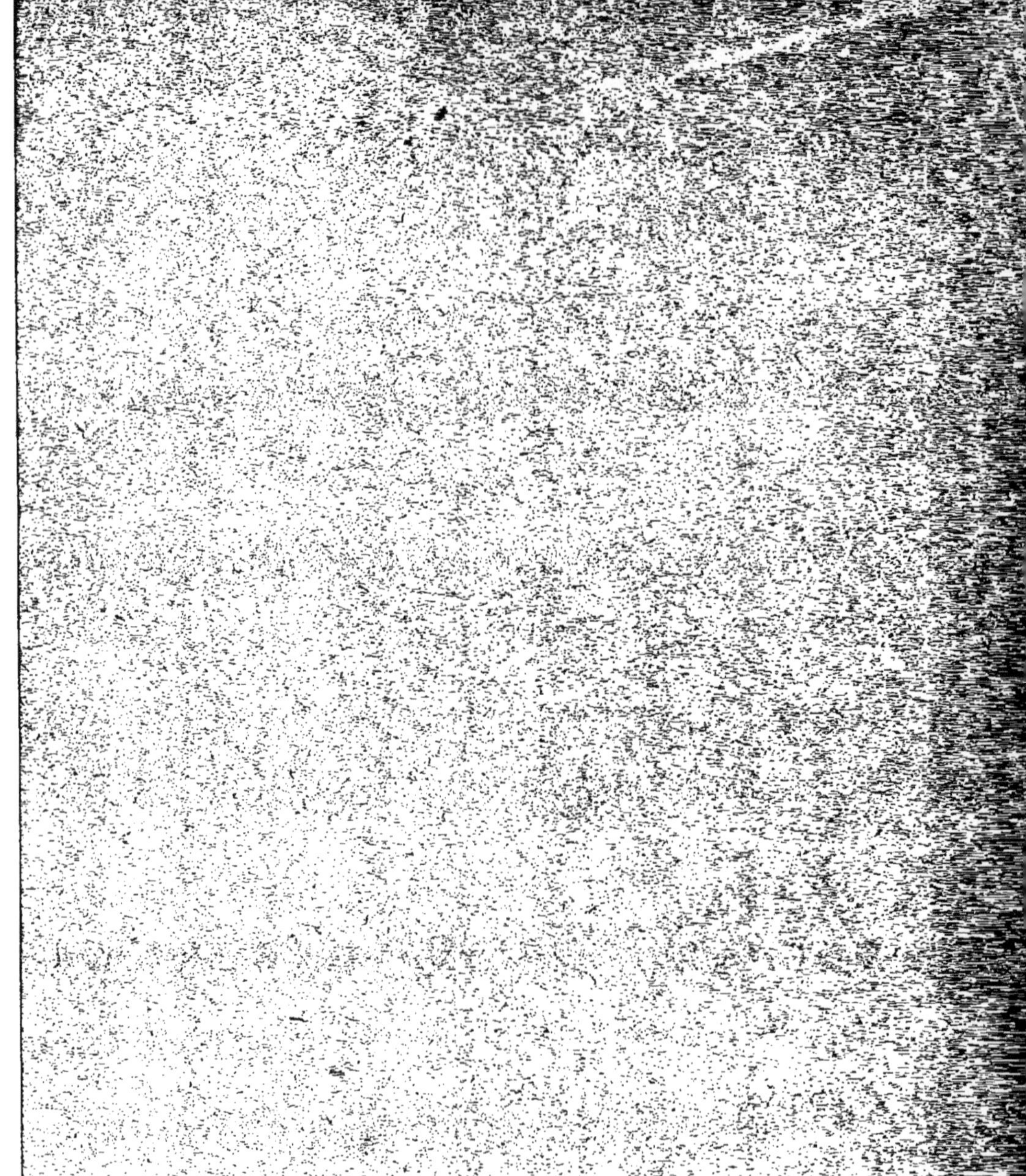

Jules-Auguste-William JAPY

1846-1917

DISCOURS

prononcés aux Funérailles de

Monsieur JULES JAPY

le 13 Septembre 1917

DISCOURS

de Monsieur le Pasteur André MEYER

Prends garde à l'homme intègre et considère l'homme droit ; car la fin d'un tel homme est la paix. Psaume 37, 37.

C'est par beaucoup de souffrances qu'il nous faut entrer dans le Royaume de Dieu. Actes, 14, 22.

Il y a plusieurs demeures dans la maison de mon Père ; je vous prendrai avec moi, afin qu'où je serai vous y soyiez aussi. Jean 14, 2. 3.

Père, garde en ton nom ceux que tu m'as donnés. Jean 17, 11.

Nous rendons les derniers devoirs à Monsieur Jules-Auguste-William Japy, que Dieu a repris à Lui dans 72me année, mardi matin, 11 septembre, après une longue et douloureuse maladie.

Monsieur Jules Japy, fils de Monsieur Adolphe Japy et de Madame Pauline Sahler, était né à Beaucourt, le 29 juin 1846. Après avoir fait ses premières études dans la maison paternelle, il alla les continuer à Paris, puis entra à l'Ecole Centrale des Arts et Manufactures. Ses goûts l'eussent porté plutôt vers l'école forestière. Il aimait la campagne, la vie en plein air ou sous les hautes futaies. Mais il se rendit au désir de son père et se prépara pour l'industrie. Il entra en 1868 dans les usines de MM. Japy frères, à Beaucourt, et, son stage accompli, en devint l'un des gérants.

Une fois engagé dans les affaires, il s'y consacra de tout cœur et déploya une infatigable activité. Grand travailleur, souvent de bonne heure à l'usine, il lui arrivait d'y rester l'un des derniers. Sous une apparence parfois un peu rude, il cachait une réelle bonté et un grand dévouement, joint à un esprit de vraie justice. S'il a consacré sa longue carrière au développement de l'industrie et de l'agriculture, s'il a fait tout ce qui était en son pouvoir pour les rendre prospères dans notre pays, ce n'était pas seulement par goût personnel, mais surtout pour contribuer au bien public et à la prospérité de nos populations ouvrières. La sollicitude et la bonté qu'il témoigna au personnel des usines, en particulier à la population de Beaucourt, le firent aimer de tous. Sa disparition laisse un grand vide au milieu de nous et rendra encore plus sensible la grandeur de l'activité qu'il a dépensée sans compter en tant de domaines, et dont la dernière manifestation a été la création si utile de cette société du « Refrain » qui distribue dans toute notre contrée industrielle l'énergie et la lumière électriques.

A tant de services rendus, le gouvernement de la République répondit en le nommant chevalier puis officier de la Légion d'Honneur, ainsi qu'officier du Mérite agricole, et en l'associant à divers conseils du travail, du commerce et de l'agriculture. La reconnaissance et la confiance de ses concitoyens l'appelèrent à siéger au Conseil Général de notre territoire, assemblée dont il fut l'un des membres les plus assidus. Si on essayait parfois de le retenir, lui conseillant de ménager ses forces et lui représentant que d'autres n'étaient pas aussi zélés que lui, il répondait que c'était précisément la raison qui l'obligeait lui, à observer la plus grande régularité possible. Il accepta également la mairie de Fêches-l'Eglise, et profita de cette magistrature pour faire du bien à l'une des communes voisines de Beaucourt.

Il semblait que sa belle activité devait encore durer de longues années, lorsque déjà en 1915, sa santé fut atteinte et causa des soucis à sa famille. Mais, grâce à son énergie peu commune, il surmonta tout. Il voulait encore travailler et se dévouer. C'est au mois de janvier 1916 que se déclara le mal terrible qui le terrassa et qui devait faire des derniers jours de sa vie, pendant plus d'un an et demi, un long et toujours plus douloureux martyre, qui lui faisait dire souvent, dans les derniers temps, de prier, non pour sa guérison, qu'il savait impossible, mais pour sa prompte délivrance.

Sa souffrance était telle qu'à certains moments elle rendait aux siens bien difficile la tâche de le soigner et de le soulager. Ni vous, chers affligés, ni son fidèle docteur, ni ses gardes dévouées de jour ou de nuit, n'y avez manqué. Jusqu'à la fin vous l'avez entouré des soins les plus affectueux, vous avez été pleins de sollicitude, répondant au moindre de ses appels, et vous efforçant d'apporter quelque

adoucissement à tant de souffrances physiques et morales.

Dans les heures de répit que lui laissait la
maladie, il envisageait nettement l'approche
de la mort. Il ne la craignait pas, il exprimait
l'espoir que sa vie n'avait pa été tout à fait
inutile. Une grande préoccupation l'assié-
geait : il pensait à ceux qu'il allait laisser et
qu'il avait tant aimés, à ce foyer qui avait été
sa joie et qu'il fallait quitter, et — pourquoi
ne pas le dire ? car je suis persuadé qu'il y
pensait d'autant plus qu'il en parlait moins,—
à ce fils qu'il a entouré d'une affection particulière, si touchante, et dont l'infirmité était
un appel constant à sa tendresse et à ses atten-
tions paternelles. Vous qui l'avez vu avec lui,
n'avez-vous jamais été émus de la sollicitude
admirable avec laquelle il le soignait, le pre-
nant avec lui, le conduisant partout, écoutant
et parlant pour lui, cherchant à l'occuper, à
le distraire, et à lui adoucir le plus possible
les amertumes d'une vie si éprouvée.

Et maintenant sa tâche est terminée. Vous
qui l'avez vu de près, dans le cercle de la famille, dans son activité de chaque jour, vous
qui avez connu l'élan de son patriotisme et son

dévouement à la cause publique, qui savez avec quelle douleur il avait assisté à nos revers de 1871, et de quel ardent espoir il attendait le retour à la France de notre chère Alsace, suivant avec passion, aussi longtemps que cela lui a été possible, les luttes de notre armée qu'il aimait tant et dans les rangs de laquelle il était fier de compter un fils et ses quatre petits-fils, vous avez pu inscrire sur le faire-part de sa mort cette parole du psaume 37e : « Prends garde à l'homme intègre et considère l'homme droit ; car la fin d'un tel homme est la paix. »

Ces paroles sont tout un programme.

Ce que notre bien-aimée patrie réclame plus que jamais ce sont des hommes intègres et droits qui n'écoutant que leur cœur et leur conscience, se consacrent de toute leur force et de toute leur âme au bien public. Notre bien-aimée patrie, si éprouvée, nos églises, pour accomplir leur apostolat, ont besoin de ces hommes-là. Dieu veuille qu'il s'en trouve beaucoup parmi vous qui m'écoutez.

L'Ecriture nous dit que la fin de ces hommes-là est la paix. Sans doute leur activité et leurs efforts doivent aboutir à un tel résultat, la paix pour eux, la paix d'un homme qui peut dire, en toute droiture : j'ai fait ce que j'ai pu, — mais aussi et surtout la paix pour les autres, afin que de plus en plus elle s'établisse dans le monde.

Et il faut bien nous dire que pour y arriver, nous devons être capables d'en faire parfois le sacrifice pour nous-mêmes .Je ne parle pas de la paix intérieure dont Jésus a pu dire qu'elle était la sienne et qu'il la donne à ses disciples, car celle-là peut, par la grâce de Dieu, nous être conservée, même dans les heures les plus mauvaises de la vie, si nous avons été de bons ouvriers de Dieu, et si nous regardons au Sauveur qu'il nous a donné. Je parle de la paix extérieure, d'une vie facile et agréable dans laquelle nos aises tiennent la première place. Cette paix-là il faut nous sentir capables de la sacrifier, et le sacrifice doit aller jusqu'au don de la vie, comme Jésus l'a fait, comme font nos soldats sur le front, comme le fait l'homme de devoir, l'homme intègre et droit dans la vie civile.

« C'est par beaucoup de souffrances qu'il nous faut entrer dans le royaume de Dieu. » C'était le principe des apôtres, ce doit être le nôtre, si nous voulons faire œuvre de justice, de vérité et de bonté, œuvre qui dure. Une fois engagés dans cette voie, notre plus grande souffrance est de sentir avec une réelle humiliation combien nous restons loin de l'idéal que nous voudrions et devrions atteindre, et combien toutes les tribulations que nous sommes appelés à endurer, sont incapables, par elles-mêmes, de réaliser l'idéal que Dieu nous a mis au cœur.

Quelle consolation de pouvoir nous dire alors que ce que nous ne pouvons pas faire, par nos propres forces, Jésus, le Sauveur, l'a fait pour nous pendant sa courte carrière terrestre et continue à le faire en nous par sa grâce et la force de son Esprit, qu'il veut nous employer à son œuvre, se servir de nous, et qu'au travers de beaucoup de souffrances et d'épreuves, son œuvre de justice et de paix, s'accomplira et se réalisera parfaitement.

Et alors, fortifiés dans notre foi par ces pensées, nous élevons nos regards vers cette maison dont Il nous a parlé, et vers laquelle il a tourné nos cœurs et notre espérance. « Il y a plusieurs demeures dans la maison de mon Père ; je vous prendrai avec moi, afin qu'où

je serai vous y soyiez aussi. » Si nous sommes
là où il est, tout est bien. Nous n'avons plus
rien à craindre. Nous bénissons le Sauveur de
ce qu'il nous a laissé de si glorieuses promesses, une espérance si vivante, une si magnifique certitude au milieu de tous les combats de
la vie et de toutes ses séparations douloureu-
ses.

Courage donc, vous qui pleurez, et forts des
promesses de Jésus, certains qu'il les réalisera
pour nous, continuons ensemble avec confiance, notre pélerinage terrestre, le regard
fixé sur le Sauveur, traversant toutes les souffrances et les épreuves, tous les sacrifices, ap-
puyés sur Lui, et restant fermes dans notre
foi en Dieu et en la venue de son règne, afin
que pour nous aussi, puisse être exaucée la
prière suprême du Sauveur : « Père, garde en
ton nom ceux que tu m'as donnés. »

DISCOURS

DE

MONSIEUR EUGÈNE BORNÈQUE

Président du Conseil de Gerance
de la Maison JAPY Frères & Cie

———

Au nom du conseil de Gérance de notre maison, je viens dire adieu à un collègue de quarante-neuf années, à Jules Japy.

Sa mort est pour nous une grande perte ; car nous rendons les derniers devoirs à celui qui a été un grand travailleur ; à celui qui, n'ayant jamais séparé les intérêts de l'ouvrier de ceux du patron, leur a consacré son constant dévouement!

En rendant à Jules Japy ce témoignage, je suis assuré d'être l'interprète, non seulement de tous les membres de notre conseil de gérance : membres ici présents, membres au service militaire, — mais encore de tous nos collaborateurs : employés et ouvriers qui ont été les témoins de ce persistant labeur.

Messieurs,

Dans les circonstances tragiques que nous traversons, dans cette longue et sanglante lutte pour l'existence même de notre Patrie, pour son indépendance, pour sa liberté, — l'heure n'est pas à la parole ; elle est à l'action.

Il me sera néanmoins permis d'ajouter que Jules Japy a donné ainsi à notre génération la meilleure des leçons, — celle de l'exemple,— qui se joint dignement au faisceau des traditions de notre maison.

Dieu, le Maître de l'Heure, n'a pas donné à Jules Japy la joie de voir ici bas la Victoire de notre France; mais, dès le début, Jules Japy a été de ceux qui ont résolu de consacrer leurs dernières forces à la production de ce qui manquait à nos héroïques soldats ; en cela aussi il a été fidèle aux traditions de notre maison ; il s'est souvenu qu'il était le petit-fils d'hommes gardant, en 1815, sur les ruines fumantes de leur usine incendiée par la horde de l'invasion, la foi dans l'avenir immortel de notre France, et repoussant en 1817, il y a précisément cent ans, les offres de réparation de l'ennemi !

Messieurs,

Ici, devant la tombe de l'aîné de notre jeune génération, de Fernand Japy, mort au champ d'honneur sur notre terre d'Alsace, j'affirme ma confiance dans la fidélité de cette jeune génération aux traditions de notre maison, et, plein de cette confiance, c'est au nom de tous que j'exprime à Madame Jules Japy et à ses enfants notre douloureuse sympathie et que j'adresse à Jules Japy le suprême adieu ici-bas, l'au-revoir dans l'au-delà !

DISCOURS
DE MONSIEUR MAGE

Administrateur du Territoire de Belfort

———

Mesdames,

Messieurs,

J'aurais cru manquer à mon devoir si je n'étais venu auprès de cette tombe adresser au nom de l'Administration préfectorale un suprême adieu à M. Japy et saluer avec respect toute une vie de travail et d'honneur, toute une vie de droiture et de dévouement.

Ses collègues, ses amis vous retraceront sa vie, vous parleront de ses qualités de cœur ; je veux simplement apporter ici le tribut de reconnaissance que nous lui devons pour l'œuvre considérable et féconde qu'il a poursuivie durant sa vie entière dans ce département pour assurer son développement industriel. Nous n'oublierons pas que c'est à lui que cette région de Beaucourt doit sa prospérité, que c'est à lui aussi que les œuvres de solidarité sociale qui y fleurissent doivent leur épanouissement.

M. Japy était de ces êtres que l'on peut considérer comme des bienfaiteurs publics, car où ils passent, l'on voit surgir une réalisation du progrès.

Homme de labeur et industriel d'une activité féconde, il comprit qu'il ne pouvait se désintéresser de la chose publique.

Maire de Fèche-l'Eglise, il fut le bienfaiteur de sa commune.

Membre du Conseil Général du Territoire de Belfort, membre de la Société nationale d'agriculture, du Comité des expositions à l'étranger, du Conseil Supérieur du Travail, partout il s'associa avec une incontestable maîtrise à l'œuvre et à l'effort de ces différentes assemblées, considérant cette participation aux affaires publiques comme un devoir patriotique.

Aussi, en reconnaissance de ces services, le Gouvernement de la République lui avait décerné en 1890, la Croix de Chevalier de la Légion d'Honneur, et quelques années plus tard celle d'Officier.

Aujourd'hui, la mort implacable vient de ravir cette belle intelligence et allonge encore la liste de nos deuils...

Qu'il me soit permis, au nom de ce département, de dire que ce pays qu'il a servi et aimé le salue d'un long regret, d'un souvenir reconnaissant et fidèle.

DISCOURS

de Monsieur le Sénateur LAURENT THIERY

Président du Conseil Général du Haut-Rhin

Au nom du Conseil général du Haut-Rhin et en mon nom personnel, je viens exprimer ici, devant ce cercueil, les sentiments de profonde tristesse que nous cause la mort de M. Jules Japy, pour lequel nous avions tous une réelle sympathie. C'est que notre collègue était aimable et bienveillant et savait apporter dans nos discussions un esprit de conciliation toujours apprécié. En lui dominait la bonté.

Dans les luttes politiques d'avant la guerre, dont le souvenir est bien loin et comme perdu dans les tragiques événements que nous avons traversés depuis trois ans, au milieu des angoisses continuelles, des deuils et des larmes des familles si cruellement éprouvées, dans les luttes politiques, dis-je, il arriva que nous ne combattîmes pas toujours sous le même fanion, bien que fortement attachés tous deux au drapeau républicain. Parfois la polémique fut vive, tout en restant dans les limites de la courtoisie et de la loyauté. M. Jules Japy n'en manifesta jamais de l'humeur et, de mon côté, je n'en avais pas moins d'estime pour lui. Nos relations demeurèrent toujours cordiales. Si je me rappelle ce détail, c'est qu'il est tout à l'honneur de M. Jules Japy.

Au Conseil général, où il siégea de juillet 1901, à ce jour, notre sympathique collègue tint la plus grande place. Ses avis et ses conseils, frappés au coin du bon sens, nous furent bien précieux. Par sa compétence en matière de travaux, de chemins de fer, d'électricité, compétence acquise par un labeur inlassable mis au service d'une intelligence remarquable et par son expérience de grand industriel, il contribua pour une large part à l'établissement de notre réseau départemental de tramways électriques qui eut à vaincre une rude opposition et rend aujourd'hui tant de services à l'autorité militaire, comme il en rendait avant la guerre et sera appelé à en rendre, au jour de la paix victorieuse, aux populations du Territoire.

Le développement de notre réseau téléphonique fut aussi l'objet de ses constantes préoc-

cupations. Il s'intéressa, d'ailleurs, activement à toutes les affaires du département et
apporta dans l'accomplissement de son man-
dat de conseiller général le plus grand dévouement auquel il est juste de rendre hommage. Notre assemblée départementale fait
certainement une grande perte dans la personne de M. Jules Japy qui réunissait en lui
les qualités essentielles d'administrateur clair-
voyant, de travail et de bienveillance. Il sera
difficilement remplacé.

D'une activité sans cesse en éveil, notre collègue se consacra à l'étude des questions agri-
coles. Président de la société d'agriculture
pendant de longues années, il s'attacha à
montrer la voie du progrès à nos cultivateurs,
à leur indiquer les procédés de culture à grand
rendement, les moyens d'améliorer la race de
leur bétail. Il prodigua à tous ses encourage-
ments.

C'est une belle figure industrielle qui dis-
paraît et qui ne fut pas sans contribuer au renom de la Maison Japy dont la réputation s'é-
tend bien au-delà de nos frontières.

M. Jules Japy occupa encore de très hautes
fonctions : membre du Conseil supérieur du

Travail, membre du Conseil supérieur du Commerce extérieur et du Conseil supérieur d'Agriculture. Il était officier de la Légion d'honneur, officier du Mérite agricole, décorations qu'il avait bien méritées par les services rendus, toute une vie de labeur et de dévouement.

Comme nos regrettés collègues Schneider et Schad, M. Jules Japy n'aura pas eu la joie d'assister à la libération de nos départements envahis par l'héroïsme de nos soldats qui, avec le concours de nos alliés, assureront la victoire de la civilisation et du droit, et en même temps une ère de paix durable et féconde. Mais comme eux, avant de mourir, il a eu la vision de cette aurore réparatrice et son cœur d'ardent patriote s'en est réjoui.

Au nom du Conseil général et en mon nom personnel j'adresse nos respectueuses condoléances à Madame Jules Japy, à Madame Philippe Bovet, à Monsieur et à Madame Pierre Japy, à Monsieur et à Madame Paul Kœchlin, et je prie cette honorable famille plongée dans le deuil d'agréer le témoignage de notre sympathie.

Et vous, Monsieur Jules Japy, mon cher

collègue, recevez notre dernier adieu. Le Conseil général conservera votre mémoire qui vivra parmi vos concitoyens.

DISCOURS
DE MONSIEUR ROUSSE

Adjoint au Maire

prononcé

au nom du Conseil municipal de Fèche-l'Église

———

Au nom du Conseil municipal de Fèche-l'Eglise dont Monsieur Jules Japy a été le maire respecté et dévoué pendant quatorze années, je viens lui adresser un dernier adieu.

Je ne pourrai rendre ici à sa mémoire le juste hommage qui lui est dû, tout ce que je puis dire, c'est que nous perdons en lui un maire bon, et aimé de tous ses concitoyens.

Je me fais leur interprète en remerciant celui qui fut notre premier magistrat, de tout ce qu'il a fait pour notre commune et des innombrables services qu'il lui a rendus.

Puissent nos regrets sincères et unanimes être pour Madame Jules Japy et toute sa famille un adoucissement à leur douleur si cruelle.

———

DISCOURS

DE

M. Samuel MARTI

AU NOM

du Conseil d'Administration de la Société des Forces Motrices
du Refrain

Messieurs,

C'est au nom de la Société des Forces Motrices du Refrain que je viens dire un dernier
adieu à Monsieur Jules Japy, qui, depuis sa
fondation, fut son dévoué président.

Si chacun, à la ville comme au village, le
gros industriel comme le modeste artisan, si
chacun, dans la plus modeste maison, peut
disposer à sa volonté de l'éclairage et de la
force, si notre région peut donner maintenant
un si bel effort industriel, nous le devons à
ces hommes clairvoyants, dont faisait partie M.
Jules Japy, qui ont eu l'intuition des magnifi-
ques réserves économiques existant dans les
rapides du Doubs, et qui se sont donnés de
tout leur cœur à leur mise en valeur.

Depuis plusieurs années, leur attention s'était fixée sur la partie du cours du Doubs où se trouve maintenant l'usine du Refrain. Une étude préliminaire, puis une étude définitive étaient faites ; la Société du Refrain était constituée ; elle appelait aussitôt à sa présidence M. Jules Japy, et, sous son active impulsion, les travaux allaient marcher rapidement. Commencés en 1907, la Société pouvait en Septembre 1908 fournir à ses premiers abonnés le courant qu'elle recevait à haute tension d'une Société voisine, et, dès Juillet 1909, l'usine du Refrain assurait seule le service normal.

Ce n'était là du reste que la première étape. La puissance de l'usine était promptement presque doublée ; et maintenant encore d'importants travaux sont en cours d'exécution, tandis que d'autres sont en étude. Ce sera notre regret que notre cher président n'ait pas pu voir son œuvre définitivement achevée.

Un autre regret plus puissant s'ajoute encore à celui-là : c'est que le cher disparu ne puisse voir l'achèvement glorieux de la grande tâche de justice dans laquelle la France entière est engagée, tâche à laquelle il voyait avec fierté contribuer les siens les plus proches.

Depuis bien des mois, la maladie empêchait M. Jules Japy de prendre une part active aux travaux de notre Conseil d'Administration, et c'est le cœur serré que nous voyions sa place vide à chacune de nos réunions. Il n'en continuait pas moins à suivre de très près la marche de notre Société, et à marquer ainsi l'intérêt tout spécial qu'il lui portait.

Quant à nous, ses anciens collègues, nous nous souviendrons avec émotion de ces années pendant lesquelles notre Société, sous la direction de M. Japy, prenait vie et devenait l'œuvre magnifique qu'elle est aujourd'hui.

Et maintenant, cher Monsieur Japy, au nom de la Société du Refrain, au nom de vos anciens collègues de son Conseil d'Administration, recevez notre dernier adieu. Reposez en paix, votre nom vous survivra, indéfiniment attaché à l'œuvre que vous avez créée. Que cette pensée soit un adoucissement à la douleur de votre famille affligée, et qu'il me soit permis de l'assurer ici de toute notre profonde sympathie.

DISCOURS

DE M. L'Ingénieur ARMBRUSTER
au nom du personnel des Usines JAPY Frères & Cie
de Beaucourt

Mesdames,

Messieurs,

C'est avec la plus grande et douloureuse émotion que je viens au nom du personnel des usines de MM. Japy Frères et C°, adresser le dernier adieu à M. Jules Japy notre vénéré patron.

Après une longue et pénible maladie il est enlevé prématurément à notre affection ; nos regrets peuvent être grands car nous perdons non seulement un bon patron, mais un soutien, un guide de grande expérience. Il nous considérait comme ses amis et sa bonté s'étendait sur tout ce qui l'entourait.

Travailleur infatigable il nous donnait à tous l'exemple d'une vie de labeur et d'honneur, toute son intelligence et ses forces ont été consacrées à la bonne marche de son usine, à son développement, aidant ainsi à porter bien haut le renom de l'industrie française.

Ses soucis constants étaient non seulement de progresser toujours, mais il savait veiller avec sollicitude au bien-être de son personnel en soutenant et en encourageant toutes les œuvres sociales permettant d'améliorer le sort de chacun.

On ne s'adressait pas vainement à son bon cœur, toujours ouvert à la bienfaisance.

Aussi avec quelle douleur avons-nous tous suivi les progrès de sa pénible maladie! et lui, qui avait mérité mille et mille fois la récompense d'une vieillesse heureuse et douce devait encore passer par les grandes douleurs physiques. La maladie l'a cloué sur son lit de douleur, elle a pu le terrasser, mais même à ces moments-là, il s'occupait et suivait encore les progrès de la fabrication des munitions qui devaient chasser l'ennemi de notre sol sacré.

L'on peut dire que notre patron est tombé glorieusement sur la brèche, au champ d'honneur du travail.

Dormez en paix, cher et vénéré patron à côté de vos aïeux dont vous avez suivi les nobles traditions, votre fils bien-aimé sera votre successeur et nous, nous garderons pieusement votre souvenir.

Puissent nos sincères regrets être pour votre famille, un adoucissement à sa douleur cruelle.

Adieu, cher patron, adieu.

DISCOURS

DE MONSIEUR l'INGÉNIEUR BONNAMI

au nom du Personnel des Usines JAPY Frères & Cie

de Lafeschotte

Il y a trois ans, nous avions la douleur de dire à Monsieur Fernand Japy, toute notre admiration pour sa belle mort au champ d'honneur, et, voici, de nouveau, qu'un irréparable deuil nous frappe, enlevant à notre affection et à notre reconnaissance, le plus vénéré des chefs.

Monsieur Jules Japy, un des Gérants de la maison Japy Frères et C°, Conseiller général du Haut-Rhin, Président du conseil d'Administration de la Société des Forces Motrices du Refrain, décoré de la croix d'Officier de la Légion d'honneur, pour son dévouement à la chose publique et à l'industrie, tombe frappé, en pleine bataille industrielle, par une cruelle et impitoyable maladie qui l'a retenu de longs jours souffrant, malgré des soins si dévoués et si affectueux dont il a été entouré, suite de ses fatigues physiques et morales et de son dévouement à la grande famille ouvrière de son pays.

Aussi, les usines des Casseries, qu'il a dirigées pendant un certain temps, manqueraient à tous leurs devoirs de reconnaissance et d'affection, en ne venant pas dire à Monsieur Japy, sur cette tombe trop tôt ouverte : toute leur admiration pour le travailleur infatigable, toute leur gratitude pour celui qui a tant fait pour la classe ouvrière en général, et pour celle de notre pays de Montbéliard en particulier, en créant, avec Monsieur Gaston Japy, les fondations de l'importante et indispensable installation électrique du Refrain, grâce à laquelle l'industrie de toute la région peut travailler depuis le début des hostilités et assurer la vie d'une nombreuse et intéressante population de travailleurs.

C'est donc, au nom de ces usines et de tout leur personnel, en mon nom particulier, que j'adresse, à Monsieur Jules Japy, le dernier souvenir, le dernier hommage de dévouement et de respect.

L'homme de bien que nous pleurons, a consacré sa vie toute entière, à la grande œuvre de l'industrie dans notre pays ; et, avec autant d'abnégation que de dévouement, il s'occupait des œuvres de mutualité dont il était l'un des plus fervents apôtres, comprenant que c'était là le seul vrai moyen de soulager les humbles et de soutenir les véritables travailleurs.

Dévoué à son pays, sa chère France, et en particulier à ce lambeau du département du Haut-Rhin, si fier d'être resté Français après nos revers de mil huit cent soixante-dix, existant comme un trait d'union entre le passé et le prochain avenir rendant à la France les provinces qu'on lui a arrachées de force, il espérait revoir l'Alsace-Lorraine toute entière revenue sous les plis du drapeau tricolore.

L'inexorable destin ne lui a pas permis d'avoir cette immense joie, mais la glorieuse conduite de son fils et de ses petits-fils, sur les champs de bataille victorieux, lui ont fait entrevoir le succès radieux et définitif du droit, de la justice et de la liberté, sur le despotisme et l'autocratie.

A Madame Jules Japy, si cruellement et si durement éprouvée, nous adressons nos plus vives condoléances ; à sa famille toute entière nous disons la large part que nous prenons à l'irréparable perte qu'elle vient de faire.

Au revoir, mon cher Monsieur Jules; croyez que les exemples de travail, de devoir, de patriotisme et d'abnégation que vous nous avez si largement donnés, resteront pour nous la règle de notre vie, jusqu'au jour où nous vous retrouverons dans un monde meilleur.

DISCOURS
DE MONSIEUR VUILLAUMIER

prononcé

au nom de la Société de Secours Mutuels (Hommes)

de Beaucourt

———

Au nom de la Société de Secours Mutuels et de Retraites (Hommes), de Beaucourt, j'ai la pénible mission de venir dire un dernier adieu à notre très vénéré et regretté Président, Monsieur Jules Japy.

D'autres voix plus autorisées que la mienne vous ont dit ce qu'a été la longue vie, toute de travail, de dévouement, de cet homme de bien au cœur généreux, et auquel on ne s'adressait jamais en vain ; — pour moi, je me contenterai de rappeler en quelques mots tout ce que lui doit notre Société, pour laquelle il avait une sollicitude toute particulière.

Monsieur Jules Japy avait été nommé Président de notre Société, il y a plus de 40 ans, alors qu'elle ne fonctionnait encore que comme Caisse de Secours ; — d'une assiduité remarquable à toutes nos réunions du Conseil d'Administration et à nos Assemblées générales, il n'a jamais cessé un seul instant de s'occuper très activement de la marche de la Société, dans ses moindres détails, et de nous aider, dans la plus large mesure, de ses conseils avisés et de sa grande et longue expérience des affaires.

Mais c'est surtout à partir de l'année 1898, dans laquelle fut votée la loi qui régit actuellement le fonctionnement des Sociétés de Secours Mutuels, que l'aide de notre Président nous fut encore plus particulièrement précieuse ; — guidés par Monsieur Jules Japy, notre Conseil d'Administration et ensuite l'Assemblée générale de nos Sociétaires mirent sur pied nos nouveaux statuts, et votèrent la transformation de la Société de Secours Mutuels et de Retraites, pour le plus grand bien de tous nos adhérents.

Les marques spontanées de générosité de Monsieur Jules Japy à notre égard furent également nombreuses et il suffit, pour s'en convaincre, de parcourir notre registre de délibérations et nos comptes rendus annuels.

Quoique terrassé depuis deux ans par une

cruelle maladie et retenu sur son lit de douleur, Monsieur Jules Japy n'en continuait pas moins à s'intéresser à la marche de notre Société, qu'il voulait toujours de plus en plus prospère ; — tout récemment encore — puisque cela date en effet de quinze jours seulement — il nous faisait remettre une somme importante pour aider à combler le déficit causé à notre caisse par les circonstances de guerre, ensuite, disait-il, du profond attachement qu'il avait toujours pour la Société.

Le Gouvernement avait d'ailleurs tenu à rendre hommage aux services rendus à la cause de la Mutualité par notre Président, et lui avait décerné successivement la Mention honorable, la Médaille de bronze et la Médaille d'argent de la Mutualité.

La disparition de M. Jules Japy est donc une grande et bien douloureuse perte pour notre Société, et elle y laissera un bien grand vide.

Aussi, bien cher Président, au nom de la Société tout entière, je m'incline très respectueusement devant votre tombe trop tôt ouverte, et je vous adresse le suprême et solennel adieu ; nous conserverons pieusement votre mémoire et votre nom restera inscrit au Livre d'or de notre Société.

Cher et vénéré Président, adieu !

DISCOURS
DE M. E. MAILLARD
(de Charmes)

qui, malade, n'a pu assister aux obsèques.

———

Messieurs,

L'amitié, l'affection, mais surtout la reconnaissance, m'imposent le douloureux devoir d'adresser un suprême adieu à l'homme que j'aimais et aussi à retracer ici une existence bien remplie, hélas trop courte et dont un passé honnête, droit, nous laisse regretter de longs jours heureux.

Honneur, dévouement, devoir, bonté, telle était la devise du père et du grand'père, elle inspirait les sentiments dans lesquels ils élevèrent leur famille ; c'était là aussi le précieux héritage et les titres de noblesse qu'en mourant ils voulaient avant tout léguer à leurs enfants. Dans une nature aussi franche que celle pleurée aujourd'hui, de tels sentiments ne devaient pas s'éteindre, car semés dans une terre féconde ils devaient y germer, y donner des fleurs et des fruits nouveaux.

Ses études terminées, Jules Japy rentrait travailler aux côtés de son père à Beaucourt et s'y faisait remarquer par des qualités multiples, aussi était-il nommé aux honneurs industriels et politiques de toutes sortes sur lesquels je n'ai pas à m'arrêter, d'autres plus autorisés que moi, ayant retracé cette vie remarquable.

Je n'ai à m'occuper que de l'ami : Fin, spirituel, homme du monde et le connaissant, il était d'un commerce sûr pour ses amis. Bon, serviable, cherchant toujours à obliger, faire plaisir, s'oubliant pour ceux qu'il aimait ; nous aimions à l'avoir, c'était notre favori et sa présence au milieu de nous était comme un rayon de soleil apportant la gaieté et la vie.

Nous l'aimions tous, parce qu'il avait tout pour être aimé, oui, tout ce qui plaît, tout ce qui charme, tout ce qui captive, tout ce qui attache en un mot, tout ce qui brise le cœur, lorsque de tout cela il ne reste plus rien.... qu'un souvenir, une pensée, des larmes!

Oh Messieurs ; comment énumérer toutes les qualités de notre cher Ami ! Mais nous tous ici, qui sommes pénétrés d'un même sentiment de regret ne formons-nous pas la plus belle couronne que l'on puisse donner à la pensée, la plus belle marque de respectueuse sympathie que l'on puisse offrir à une famille désolée ?

Devant cette femme, aujourd'hui privée d'une des plus douces joies de la vie qui durant de longs mois, pendant cette longue et cruelle maladie, n'a ménagé à son cher mari, ni ses veilles, ni ses peines, qui, souffrante elle-même, épuisée de fatigue, veillait encore, le couvait pour ainsi dire des yeux, espérant lui donner une partie de sa chétive vie pour prolonger la sienne...

Espoir de ce fils dont la douleur fait mal, qui loin de son aimé père se battait glorieusement, et de retour à son chevet lui offrait modestement, croix de guerre et Légion d'honneur ! Devant aussi ses petits-fils tous décorés, l'orgueil et la joie du grand'père ! Devant tout ce foyer de douleur, nous ne pouvons rien.... Nous ne pouvons qu'unir nos regrets à vos regrets, mêler nos larmes à vos larmes et dans un même sentiment, vous dire : courage!

Oui, courage, pauvre épouse, pauvres enfants ! Je n'essaierai pas de vous donner des paroles de consolation, il n'y en a pas, ce se-

rait du reste faire injure à votre chagrin... Il
n'y a que le temps qui puisse cicatriser cette
terrible blessure, je le sais... et pourtant pénétrés des sentiments religieux, que je vous
connais, vous saurez trouver dans l'espoir que
Dieu nous donne de revoir les disparus chéris,
les seules consolations capables d'adoucir l'a-
mertume de votre irréparable deuil.

Dans quelques instants, Messieurs, et pour
toujours, cette tombe va se refermer ; nous,
les amis, ceux-là les parents du cœur, nous
tous descendons, les uns dire une prière, les
autres déposer une fleur... Oui, ici où le plus
endurci d'entre nous se trouve malgré lui,
l'âme étreinte d'une indéfinissable angoisse,
en songeant aux êtres bien aimés qu'il a per-
dus et qui dorment ici le sommeil de la paix
éternelle, mais non celui de l'oubli.

Oui, nous reviendrons sur cette terre qu'ont
faite sacrée nos pleurs et pieusement nous di-
rons : Ici repose dans l'immuable majesté de
la mort, celui qui fut un homme de bien, il
était franc comme l'or, nous l'aimions tous,
il est parti avec toutes nos sympathies, il nous
a quittés en nous arrachant à tous un petit
lambeau de notre cœur...

J'arrive ici, Messieurs, au terme de la triste tâche que je m'étais imposée : Je crois, et ne veux froisser les sentiments, les opinions de personne dans cette assemblée, j'ai du reste moi-même des idées trop libérales et suis trop respectueux de la liberté de conscience de chacun pour jamais en être accusé ; mais qu'il me soit simplement permis de reconnaître que Jules Japy avait vécu aux côtés d'une épouse et dans une famille religieuses et qu'il en avait gardé un certain esprit....

Ce n'était pas un crédule, un mystique borné et aveugle. Non, il ne croyait pas au dernier miracle du jour, à l'eau qui guérit. Non. Il ne suivait pas ces sentiers détournés de la grande et belle voie du christianisme, de sa simple, belle et pure morale, il ne prenait pas ces chemins de traverse tortueux, difficiles, qui alourdissent ceux qui les prennent et diminuent si fort ceux qui dans un esprit de lucre les indiquent.

Jules Japy était un spiritualiste, un idéaliste dans toute la superbe acception du terme. Il croyait grand, il pensait large, il voyait haut. Etant encore dans la toute puissance de son intelligence, dans la plénitude de sa volonté,

il a vu jaillir de son âme, une lumière qui
s'élançant jusqu'aux cimes les plus élevées de
l'idéal, l'a fait se souvenir du Dieu de son ber-
ceau.... qui a été aussi le Dieu de sa mort....

Permettez-moi, Messieurs, de m'arrêter sur
cette dernière pensée qui laisse entrevoir à
cette famille en larmes les joies d'une autre
vie et le bonheur d'une rencontre qui faisait
dire au plus grand poète moderne : l'Etre
pleuré est disparu et non parti, les morts sont
les invisibles, ils ne sont pas les absents !

Permettez-moi enfin de terminer par un
mot qui commence tout, qui finit tout et nous
réconforte tous.... l'Espérance.

Adieu, mon bon Jules, adieu au nom de tes
amis, mais dans ma foi de chrétien, je ne te
dis pas adieu, mais... au revoir...

Montbéliard - Sté An[me] d'Imprimerie Montbéliardaise